Jede Geschichte ein Genuss

für meine Lieben,
die immer an mich glauben

Ursula Schittenhelm

Jede Geschichte ein Genuss

Genießen mit allen Sinnen

Bibliografische Information der Deutschen Nationalbibliothek
Die Deutsche Nationalbibliothek verzeichnet diese Publikation in der Deutschen Nationalbibliografie; detaillierte bibliografische Daten sind im Internet über http://dnb.d-nb.de abrufbar

© 2013 Ursula Schittenhelm
Foto: Gerd Altmann
Herstellung und Verlag:
BoD - Books on Demand, Norderstedt
ISBN 978-3-735793218

Inhaltsverzeichnis	**Seite**
Was will eine Frau	9
Traumfrau	11
Es ist nicht leicht, ein Mann zu sein	12
Mr. Oberschlau	14
Die unverschämte Ehefrau	15
Warten auf den Bus	17
Sport ist Mord	19
Der ideale Mann	21
Auf der Bank	23
Liebesspiel	24
Was Liebe vermag	25
An diesen Tagen	27
Der heiß geliebte Opa	29
Die heiß geliebte Oma	30
Abschied	31
Die Friseurin	33
Altes Eisen	35
Mein Putzteufel	36
Der Playboy	38

Inhaltsverzeichnis	**Seite**
Aber meine Damen	40
Sinnlichkeit	42
Selbstmitleid oder die Dame im Café	43
Die Unnahbare	46
Das Date	48
Die Qual der Wahl	49
Anspruch auf Dankbarkeit	52
Meine Schwester	54
Das Elend mit dem Handy	56
Es kommt alles zurück	57
Ich möchte gehen	59
Schicksalsfragen	61
Immer diese Zipperlein	63
Kunibert und Kunigunde	64
Und noch immer mittendrin	65
Warum	66
Schmarotzer	69
Klagelied	70
Du bist du	72

Inhaltsverzeichnis	**Seite**
Lebensfreude	74
Novembersommer	75
Trümmerfrauen	76
Hoffnung	78
Zitate über das Glück	79
Zehn kleine Freundinnen	80
One-night Stand	82
Die Biene	84

Was will eine Frau

Der große Sigmund Freud meinte:
Ich zitiere:

Die große Frage, die bisher nicht beantwortet wurde
und die zu beantworten auch ich nicht in der Lage war,
lautet: **Was will eine Frau?**

Das wusste er nicht?
Ich weiß es genau.
Warum ich es weiß?
Ich bin eine Frau!

Eine Frau will verwöhnt sein,
für ihren Mann
muss jede Andre verpönt sein;
sie möchte geliebt werden,
beschützt und gehegt,
das ist schon fast alles,
was eine Frau so bewegt.

Freud hatte vielleicht nur die Männer gefragt,
und die wissen es bis heute
noch nicht so genau.

Was Männer so denken,
ich weiß es genau;
sie sind überzeugt,
nur der Mann, der ist schlau.

Doch auch das weiß ich besser.
Und warum bin ich so schlau?

Na, das ist doch ganz einfach:

Ich bin eine Frau!

Traumfrau

Sie steht am Fenster.
Er sieht nur ihre Silhouette,
und ganz langsam kommt er näher -
wenn er sie nur im Arm schon hätte.

Vor seinen Augen entsteht ein Bild,
er spürt, wie sie seine Sehnsucht stillt.

Nun ist er bei ihr, in ihr, jaa!!
Er vergisst Zeit und Raum.

Und dann klingelt der Wecker -
es war nur ein Traum.

Es ist nicht leicht, ein Mann zu sein

Es ist nicht leicht, ein Mann zu sein.

Bringt höflich er ihr rote Rosen,
glaubt, zittern wird sie nun vor Glück,
erfolgt kein Küssen und kein Kosen,
nein, wutentbrannt ist nun ihr Blick.

Zitternd vor Wut meint sie verbissen:
"Hast wohl ein sehr schlechtes Gewissen
und deine Überstunden letzte Nacht
bei einer Anderen verbracht."

Sagt er: "Schatz, lass uns heute essen gehen,
lass dich heute mal verwöhnen",
meint sie:
"Dir schmeckt wohl nur mein
Essen nicht,
doch daran musst du dich gewöhnen."

Ist er mal streng zum frechen Kind,
wird er als zu hart beschimpft,
gibt er sich aber tolerant,
wird gleich ein Weichei er genannt.

Er kann machen, was er will;
mal ist's zu wenig, mal zu viel.

So ist sein Unmut zu versteh'n,
wird, was er leistet, nicht geseh'n.

Drum stimm' ich mit ihm überein:
Es ist nicht leicht, ein Mann zu sein.

Mr. Oberschlau

Eines weiß sie ganz genau,
ihr Mann ist Mr. Oberschlau.
Ist sie dabei, mal zu sinnieren,
muss er auch das noch korrigieren.

Will sie mal nur etwas zitieren,
muss er auch dazu lamentieren,
und ist's auch ein Zitat von Brecht,
ist's nicht von ihm,
dann ist es schlecht.

Lacht sie ihn daraufhin mal aus,
dann hat die Hölle sie im Haus.
Er schreit: "In diesem Haus,
an diesem Ort,
hab ich das allerletzte Wort."

So sagt sie eines Tages:
 "In diesem Haus,
an diesem Ort,
behältst du auch das letzte Wort."

Nimmt ihre Sachen - und geht fort!

Die unverschämte Ehefrau

Die unverschämte Ehefrau
weiß immer alles besser.

Nie kann er etwas richtig machen,
über alles muss sie lachen.

Er kann machen was er will,
es genügt ihr nicht,
und wie er darunter leidet,
interessiert sie nicht.

Aber nun hat er genug,
genug von ihren Sticheleien.
Er will nicht mehr der Dumme sein,
er will ihr auch nicht mehr verzeih'n.

Dass sie ihn stets nur ausgenutzt,
von seinem Geld sich hat geputzt,
er hat es lang genug ertragen,
aber nun platzt ihm der Kragen.

Er sagt zu ihr:
"Du unverschämte Ehefrau,
weißt immer alles besser,
ich aber weiß jetzt ganz genau,
ohne dich geht es *mir* besser.

Nie kann ich etwas richtig machen?
Darüber kann ich doch nur lachen.
Ich habe ja von dir gelernt,
wie man Schmutz entfernt.

Also befreie mich von deiner Gestalt,
sonst entferne ich dich mit Gewalt.
Dein Anblick ist mir längst verleidet,
geh schnell, sonst wird er wahr, der Spruch:

Bis das der Tod euch scheidet."

Warten auf den Bus

Frohgemut und auf die Schnelle
gehe ich zur Haltestelle,
und kurz darauf wird mir dann klar,
dass der Bus noch schneller war.

Zwei Minuten vor der Zeit
war er wieder da gewesen,
na ja, jetzt hatt' ich 10 Minuten Zeit
und begann mein Buch zu lesen.

So blieb ich nun geduldig steh'n,
doch 8 Minuten später dann
fing mein Blick zu flackern an;
vom nächsten Bus war nichts zu seh'n.

Der würde bestimmt pünktlich kommen,
noch waren zwei Minuten Zeit,
doch dann bemerkte ich beklommen,
zu seh'n war gar nichts - weit und breit.

So langsam wurde die Zeit knapp,
und wütend ging ich auf und ab.
Wieder vergingen 10 Minuten,
und immer größer war mein Frust.

Zu spät würde zum Arzt ich kommen,
zu einem Mord hätt' ich nun Lust.

Doch als der Bus dann endlich kam,
lächelte mich der Fahrer an.

Und konnte ich mich auch kaum fassen,
ich sagte:
"Einmal einfach bitte"

und hab ihn leben lassen.

Sport ist Mord

Wieder zehn Gramm zugenommen
und die Laune ist dahin;
ich hatte mir doch vorgenommen,
leichter zu werden als ich bin.

Ein Fitness-Center, keine Frage,
wär eine viel zu große Plage.
Also hab ich mir vorgenommen,
ab sofort wird viel geschwommen.

Frohgemut ins Wasser rein,
bald werd ich sehr viel leichter sein.
Doch dabei hab ich ganz vergessen,
so ab und zu muss man ja essen.

Ich spür, wie mich der Hunger plagt,
wie er an den Gedärmen nagt.
Ich versuch', nicht dran zu denken,
schwimme fleißig Bahn für Bahn,
seh' mich schon als schlanker Schwan.

Doch was ist das? Am Beckenrand
'ne Portion Pommes in der Hand,
steht ein Mannsbild, rank und schlank,
allein sein Anblick macht mich krank.

Vergessen ist mein Abnehmschwur,
jetzt pfeife ich auf die Figur;
bestell mir Pommes, dazu Cola,
und fühle mich gleich sehr viel wohler.

Vergnügt laufe ich nun nach Haus;
etwas Bewegung tut's ja auch.
Es heißt doch: Zu viel Sport ist Mord,
Ausdauer ist das Zauberwort!

Das rechte Maß muss ich nur finden,
dann werden auch die Kilos schwinden.
Und mit viel Lust, und nicht aus Pflicht,
erreiche ich mein Traumgewicht.

Der ideale Mann

Der ideale Mann sieht seiner Frau
jeden Wunsch von den Augen ab;
legt ihr sich und die Welt zu Füßen.

Der ideale Mann sieht gut aus
und hat Chancen, die er nicht nutzt.

Selbstverständlich widerspricht er nur,
wenn seine Frau etwas Negatives über
sich selbst sagt.

Er kauft ihr Schmuck,
den sie nicht braucht,
und lächelt glücklich,
auch wenn sie ihn zusammenstaucht.

Er macht die Betten jeden Tag,
und hat er einmal einen Wunsch,
nimmt er es hin,
wenn sie ihm den versagt.

Er hat nur noch für sie zu leben,
nur das allein ist anzustreben.
Und schimpft sie ihn dann auch noch aus,
muss er ihr danken mit Applaus.

Will aber mal "sein kleiner Bengel"
und sie verschont ihn mit Geschrei,
ist sogar zärtlich noch dabei -

ist sie für ihn der reinste Engel!

Auf der Bank

Sie gingen langsam Hand in Hand
durch die Dämmerung,
da sahen sie vor sich eine Bank,
ihr Gang bekam auf einmal Schwung.

Sie setzte frech sich auf sein Knie,
und stoßweise sein Atem ging.
Sie streichelte und küsste ihn;
sie wusste, wie Mann Feuer fing.

Er konnte kaum noch an sich halten,
auch ihre Wangen wurden heiß.
Da kamen plötzlich zwei Gestalten,
die Eine sagte zu ihr leis':

"Das hätt' ich dir nicht zugetraut,
denn schließlich bist du meine Braut",
warf hin ihr den Verlobungsring -
und ging.

Liebesspiel

Was ich wollt', war nur ein Spiel,
er aber redete zu viel,
von heute, morgen, oder später,
was für ihn alles wichtig sei.

Ich wollte Sex, heut'
und nicht später,
das Später war mir einerlei.

Er redete und redete,
was für ein tolles Weib ich sei.
Verdrossen durch die Litanei
war die Laune nun im Keller;
der Wunsch nach Sex war auch vorbei.

Wurde jetzt auch sein Atem schneller,
ich schob ihn weg -
es war vorbei.

Und die Moral von der Geschicht' -
zu langes Reden bringt es nicht.

Was Liebe vermag

Manchmal glaubte ich,
es geht nicht mehr.
In mir war alles wund,
und ich fühlte mich leer.

Ein Widerspruch schon mal an sich,
denn Leere schmerzt doch sicher nicht.

Aber in vielen einsamen Stunden,
spürte ich diese nicht heilenden Wunden.

Verletzungen, schlimmer
als verursacht von Sturz oder Schlag,
schmerzten Nacht für Nacht,
und Tag für Tag.

Den Sinn des Lebens,
ich verstand ihn nicht mehr.
Ich war kraftlos geworden,
und hatte mich irgendwann
einfach verloren.

Zwar wurde ich als Mutter
von meinen Kindern geliebt,
doch spürte ich nur noch Enttäuschung,
die keine Hoffnung mehr gibt.

Aber meine Kinder gaben nicht auf.
Mit unendlicher Liebe
richteten sie mich wieder auf.

Sie machten mir klar,
wie unersetzlich ich war,
wie sehr sie mich brauchten,
auch wenn verzweifelt ich war.

Tag für Tag gaben sie mir ihre Kraft,
und sie haben es geschafft.

Ich raffte mich auf,
und bekam wieder Mut,
mich dem Leben zu stellen;
und so wie es heute ist,
so ist es gut.

Das Leben war nicht immer gut zu mir,
schlug mir so manche tiefe Wunden.
Ich dachte schon, sie heilen nie,
doch ich hab sie überwunden.

An Tagen wie diesen

An Tagen wie diesen
gehst du am besten nicht aus dem Haus,
denn da lacht keiner dich an,
bekommst du keinen Applaus.

An Tagen wie diesen
lass dein Motorrad steh'n,
denn es lohnt einfach nicht,
aus der Türe zu geh'n.

Kaum fährst du los,
läuft ein Hund dir ins Rad.
Fährst du nur etwas zu schnell,
steht die Polizei schon parat.

An Tagen wie diesen,
klappt 's noch nicht mal im Haus,
denn gibt's endlich mal
einen spannenden Film,
fällt der Strom plötzlich aus.

An Tagen wie diesen
ist, was du tust, einerlei,
denn alles geht schief,
doch was ist schon dabei?

Auch an Tagen wie diesen
bleibt die Zeit niemals steh'n,
und du kannst frohgemut
in einen neuen Tag geh'n.

Dann rennt kein Hund dir ins Rad,
steht die Polizei nicht parat;
dein lieber Mann lacht dich an,
kommst du wieder nach Haus,
und das ist doch viel schöner -
als der größte Applaus.

Der heiß geliebte Opa

Wie lieben Opa,
ist doch klar,
denn er ist immer für uns da.

Und gehen wir mal in den Zirkus,
ist er so aufgeregt wie wir,
sitzt mit uns in der ersten Reihe,
mit Popcorn und mit noch viel mehr.

Es ist ein Kinderzirkus, er ist klein,
doch alle Kinder kommen rein
und freuen sich schon auf die Tiere,
die sich oft im Kreise dreh'n.
Ja, es ist nur ein kleiner Zirkus,
doch es gibt so viel zu seh'n.

Kommen Mama und Papa,
müssen wir nach Hause geh'n,
Doch unseren geliebten Opa
werden wir bald wiederseh'n.

Die heiß geliebte Oma

Endlich ist es nun soweit,
wir geh'n die Oma heut' besuchen,
und ganz sicher backt sie uns,
wie immer unsren Lieblingskuchen.

Ha, ha, sie kann ja gar nicht backen,
dafür gibt's immer viel zu lachen.
Wir dürfen rumtoben im Garten,
können es kaum noch erwarten.

Wenn mal Mama mit uns schimpft,
Oma in den Arm uns nimmt.
Sie holt uns ab zu Sport und Spiel,
und niemals wird es ihr zu viel.

Geht es dann wieder nach Haus,
sieht auch die Oma traurig aus.
Doch wissen wir, und das ist schön,
wir werden sie bald wiederseh'n.

Abschied

Ich höre deine harte Stimme,
die zu mir sagt: "Es ist genug."
Doch soll ich wirklich dich verlassen?
Ist das von dir nicht Selbstbetrug?

Du liebst mich doch, nur mich allein,
kannst ohne mich doch gar nicht sein.
Es stimmt, ich bin mal fremd gegangen,
und dabei weiß ich nicht mal mehr,
wie es damals angefangen.

Ich kann nicht ungeschehen machen,
was einst unüberlegt geschah.
Doch geliebt hab' ich nur dich,
ganz egal, wo ich auch war.

Ich seh' in deinen braunen Augen,
das Leid, das lang' schon Alltag ist,
die Sehnsucht, die Erfüllung sucht,
und diese schon so lang' vermisst.

Ich will mich bessern, glaube mir,
möchte dich um Verzeihung bitten,
denn mein Herz gehört nur dir.

Doch der Blick in deine Augen
sagt mir: "Dazu ist es zu spät."
Ich habe dich zu oft belogen,
du gehst nun deinen eignen Weg.

Deine Worte brennen sich mir ein:

 "Sei still. Du willst treu mir sein?
Das hast du schon so oft versprochen,
und jedes Mal dein Wort gebrochen,
ich kann dir nicht noch mal verzeih'n.

Und tut es mir auch noch so weh,
einsam kann ich alleine sein.
Erfüll mir meinen letzten Wunsch -
und geh!"

Die Friseurin

Jeden Tag steht sie parat,
freundlich lächelnd, gut gelaunt,
um die Kundin zu erfreuen,
"Na, was soll's denn heute sein?"

Bestimmt doch wieder "Modern Art",
mit langem Pony, kurzem Schnitt,
wie bitte, "Eine Dauerwelle?";
wirkt bestimmt auch sehr apart.

Die nächste Kundin teilt dann mit,
sie möchte einen Pagenschnitt.
Nicht zu kurz und nicht zu lang,
am besten so am Kinn entlang;
ach nein, direkt unter den Ohren,
und bitte - keine Stufen rein -
solche Kunden die Friseurin "freu'n".

Ergeben nickt sie: "Aber gern"
und wünscht sich diese Dame
auf einen weit entfernten Stern.

Die dritte Kundin kommt zum Färben,
will heute mal die Haare rot.
In einem Jahr die sechste Farbe,
es lauert schon der Haare Tod.

"Wir müssen wirklich etwas warten,
schon wieder färben, das geht nicht",
verzweifelt die Friseurin spricht.
Doch wie nicht anders zu erwarten,
die Kundin interessiert das nicht.

Sie besteht auf ihrer Farbe,
und strahlend geht sie rot gefärbt nach Haus,
doch da vergeht ihr bald das Lachen,
denn büschelweise fallen Haare aus.

Konnte sie auch durch Sturheit siegen -
die Haare nun am Boden liegen.

Altes Eisen

Was sagst du bin ich,
"altes Eisen?"
Ich kann dir jederzeit beweisen,
dass ich nur äußerlich
leicht angeschlagen bin.
In mir ist noch Feuer drin.

Du kannst es gerne mal probieren,
zum Schluss rutschst du auf allen Vieren,
und gehst du dann auf Pfoten leisen,
denkst du -
ist das ein heißes Eisen!

Mein Putzteufel

"Hilf mir im Haushalt",
sag ich zu meinem Mann
so dann und wann,
"weil's mir zuviel wird
und ich bald nicht mehr kann."

"Hör auf zu jammern",
antwortet er dann.
"Das geht doch schnell;
drum stell dich nicht so an."

Ich glaub, ich hör nicht richtig
und kann es gar nicht fassen.
Ich muss ihn falsch verstanden haben,
doch dabei wird es nicht belassen.

"Ach Schatz, dann lass dich doch mal testen.
Wer zuletzt lacht, lacht am besten.
Ich brauche mindestens vier Stunden,
du darfst mich gerne überrunden.

Waschen, bügeln, Fenster putzen,
im Garten noch die Bäume stutzen.
Staubgesaugt ist auch noch nicht,
doch da ist ja nichts dabei;
weil du so ein schneller Mann bist,
machst du das ganz nebenbei.

Aber bitte nicht vergessen,
wir müssen auch noch etwas essen.
Ich werd auch nicht im Wege steh'n
und in der Zeit spazieren geh'n.

Doch wenn du aufgibst,
glaube mir, mein lieber Mann -
stell ich 'ne Haushaltshilfe an."

Der Playboy

Der Playboy denkt,
heute will ich mal pausieren,
und lässt darum sein Auto steh'n.

Will einfach mal
ein Stück spazieren,
und nicht wie sonst
nach Frischfleisch seh'n.

Doch dann erwacht
sein Jagdinstinkt.
Vor ihm läuft ein junges Ding;
mit blonden Haaren, langen Beinen
und aufregendem Gang,
mit wiegenden Hüften,
groß und schlank.

Er wittert das Wild,
das erlegt werden will.
Jetzt ist er ein Jäger -
und sie ist das Ziel.

Er spürt das Verlangen;
sein Innerstes vibriert,
und er malt sich schon aus,
wie er gleich sie verführt.

Erregt geht er an ihr vorbei,
und dreht sich dann nach ihr um,
will gleich charmant sie umgarnen,
doch nun sieht er sie von *vorn*.

Es verschlägt ihm die Sprache
und sie ahnt auch - warum.

Durch den aufregenden Gang,
voll Elan und mit Schwung,
war er sich sicher,
dass sie noch jung.

Der Playboy, selbst ein Mann,
der nicht mit Würde altern kann,
hat nur den einen Gedanken,
doch zum Glück bleibt er stumm,
denn er denkt:

"Von hinten Lyzeum,
von vorne Museum."

Aber meine Damen

Er ist zu dick.
Flüsternd, lästernd,
und mit hungrigem Blick,
habt ihr die Augen fordernd gerichtet
auf die hübschesten Jungen,
und nur für die macht ihr euch schick.

Die Anderen,
der Eine zu klein,
der Andere zu dick -
die bleiben zurück.

Dabei hat der Eine so schöne Augen,
doch das interessiert euch nicht,
der Andere hat ein schönes Gesicht,
doch nicht das passende Gewicht.

Dabei heißt es doch immer,
es zählen hauptsächlich innere Werte,
doch das stimmt meistens leider nicht.
Innere Werte, sie verlieren an Gewicht.

Ihr Frauen, lasst euch Eines sagen:
"In wirklich ernsten, schweren Tagen,
da braucht ihr ihn, den ganzen Mann;

dann braucht ihr den,
der euch zur Seite stehen kann.

Der euch versteht in eurem Schmerz,
und endlich begreift ihr es dann;
nicht auf die Schönheit kommt es an,
es zählt allein sein gutes Herz."

Sinnlichkeit

Sinnlichkeit, die kannst du spüren,
in ihr kannst du dich ganz verlieren.

Sinnliche Lippen,
die zart dich berühren,
lassen dein Innerstes vibrieren.

Genießt du diese Sinnlichkeit,
dann schenkt sie dir Glückseligkeit.

Selbstmitleid oder die Dame im Café

Sie saß im Café und bemitleidete sich selbst.
Immer der selbe Tagesablauf;
Stress in der Firma, falsches Lächeln der Geschäftsmäßigkeit.
Auch abends immer der gleiche Trott.

Sie fuhr zusammen. Sprach sie nun auch schon mit sich selbst?
Nein, es war die Stimme der Bedienung, die sie nun schon zum wiederholten Mal nach ihren Wünschen fragte.

Sie sah auf und erschrak ein wenig. Die freundliche, warme Stimme gehörte einer jungen Frau, die behindert war.
Die Arme waren viel zu kurz und die Hände ein wenig verkrümmt.

Wie sollte sie so denn überhaupt bedienen können? Vielleicht nahm sie ja auch nur die Bestellung auf.

Die elegante, aber unglücklich wirkende Dame bestellte Kuchen mit Sahne und ein Kännchen Kaffee.

Aus ihren Gedanken gerissen, sah sie nun aufmerksam in die Runde und bemerkte, dass die Bedienung nicht nur Bestellungen entgegennahm.

Sie trug ein voll beladenes Tablett zum Nebentisch, an dem eine kleine Gruppe saß. Sicher war das Tablett, auf dem Eisbecher und Getränke standen, schwer, aber mit stolzem, strahlendem Lächeln wurde das Gewünschte serviert.

Auch sie selbst wurde bedient, ohne dass der Kaffee verschüttet wurde.

Vieles ging ihr nun durch den Kopf.
Was hatte sie eigentlich zu beklagen?
Sie war gesund, sah gut aus und hatte nichts außer ihrem Selbstmitleid?

Sie konnte doch ihr Leben selbst in die Hand nehmen, sich frei bewegen; konnte in ihrer Freizeit Kontakte suchen, die zu ihr passten und stolz sein auf das, was sie im Beruf leistete.

Ihre freundliche Servierin hatte gezeigt, dass sie glücklich war, die Kundschaft bedienen zu können.

Stolz auf sich selbst sein zu können, ohne
Überheblichkeit zu demonstrieren,
war etwas, das Selbstmitleid nicht brauchte.

Als die Dame das Café wieder verließ, ließ sie
ihr Selbstmitleid hinter sich zurück.

Die Unnahbare

Sie geht durch das Restaurant,
mit leicht ironisch verzogenen Lippen.
Sie wirkt unnahbar, ist wunderschön,
und ihre umwerfende Figur
lässt Sehnsucht entsteh'n.

Bei jedem Schritt, den sie geht,
geht sie mit eiskaltem Blick,
doch zeigt ihr Körper Bereitschaft,
zeigt, worum es ihr geht.

Ihre wippenden Brüste,
das aufreizende Kleid,
sprechen eine eigene Sprache,
Ein Gast versteht - und er ist bereit.

Es geht nicht um das Gefühl,
das Liebe schafft,
es geht um Sex, um Leidenschaft.

Er hat es gespürt,
und er hat sie verführt.
Sie haben sich beide
gesucht und gefunden.

Was folgt, sind zwei heiße,
genussvolle Stunden.

Später tut sie so, als ob nie etwas war,
geht an ihm vorbei, als war er nie da.
Verlässt das Restaurant -
und wirkt wieder unnahbar.

Das Date

Heiß erregt sagt er zu ihr:
"Wie wär's mit einem kleinen Date,
noch ist es dafür nicht zu spät.
Hoch über uns die Sterne leuchten,
gern würd' ich deinen Schoß befeuchten."

Sie ziert sich:
"Oh! Danke sehr fürs Angebot,
doch bin ich nicht in solcher Not,
dass ich es nicht mehr schaffen kann,
im Bett mich zu entkleiden."

Daraufhin er:
"Doch meine Sehnsucht ist so groß,
ich möchte *jetzt* an deinen Schoß,
und wenn du dich genierst mein Schatz,
bedeck ich dich mit Zweigen."

Die Qual der Wahl

Ich fühl mich jetzt schon unbehaglich,
denk immer wieder nach und frag mich,
wen ich denn diesmal wählen soll.
So ging's mir schon beim letzten Mal: Na toll!

Die CDU, es tut mir weh,
will wieder mit der FDP,
das find ich überhaupt nicht gut.
Die Steuern rauf,
die Steuern runter,
so streiten sie sich ständig munter,
als Wähler packt mich da die Wut.

Nicht besser ist die SPD,
was sich da tut, tut auch nur weh.
Sie geben sich stets sehr sozial,
fürs Volk und für die Einigkeit,
doch Einigkeit, das war einmal.
Statt Einigkeit gibt's nur noch Streit.

Dann gibt's ja noch die FDP,
bei der ich auch nicht viel versteh'.
Die sorgen für den Mittelstand,
und das sei weit und breit bekannt.
Doch wer ist oben, wer ist unten,
bin ich vielleicht zu tief gesunken?

Für mich regier'n die sicher nicht,
oder sind Rentner Mittelschicht?
Ob Ober- oder Unterschicht,
für mich steht fest -
die wähl' ich nicht.

Nun kommen wir noch zu den Grünen,
der umweltfreundlichen Partei,
doch oft verdrossen sind die Mienen,
und um viel Nichts gibt's viel Geschrei.

Mit Argumenten woll'n sie punkten,
doch sieht man sie meist hingesunken,
als Schwergewicht auf Schienen sitzen.
Dann müssen Polizisten schwitzen
und die wegtragen, die da sitzen.

Auch Polizisten sind das Volk,
soll'n schützen uns vor der Gewalt,
haben selber Frau und Kinder
und ihre Steuern auch bezahlt.

Zu guter Letzt nun noch die Linken,
die so mit Volkes Nähe winken.
Die woll'n zu viel Verstaatlichung,
das weckt sofort Erinnerung,
an eine Zeit, die mal gewesen,
von der wir längst noch nicht genesen.

Und so entscheide ich für mich,
nein, auch die Linken wähl' ich nicht.
Ich habe ernsthaft nachgedacht,
viele Gedanken mir gemacht,
und komm' wie immer zu dem Schluss,
dass wiederum ich wählen muss;
sonst haben nachher die gewonnen,
die uns vielleicht nicht wohl gesonnen.

So denk' ich nur noch:
"So ein Mist -
wer wohl das kleinste Übel ist?"

Anspruch auf Dankbarkeit

Immer wieder kann man hören,
dass Kinder oft undankbar wären,
und meistens folgt danach der Spruch:

"Eine Mutter kann 10 Kinder,
aber 10 Kinder nicht die Mutter ernähren."

An diesen Spruch schließt sich dann an,
dass man wohl Dankbarkeit erwarten kann.
Ich finde nicht, dass dies so ist.

Mutterliebe ist Wärme, ist Gefühl
und nicht nur Pflicht.
Anspruch auf Dankbarkeit
ist es nicht.

Bestimmt übersehen auch Mütter,
so manchen traurigen Blick:
treffen vielleicht ihre Entscheidungen,
ohne Taktgefühl und ohne Geschick.

Dabei könnten sie doch einfach
mal etwas mehr hinterfragen;
ihren Kindern zugestehen,
eine eigene Meinung zu haben.

Vielleicht ist auch deren Wortwahl,
mal ohne Taktgefühl und ohne Geschick,
und wie sehr sie dadurch verletzen,
bemerken sie nicht.

Doch mit ihrem liebenden Herzen,
können Mütter, da bin ich ganz sicher,
so manche Enttäuschung
leichter verschmerzen.

Und vielleicht erfahren sie dann
das ganz große Glück.
Sie bekommen Dankbarkeit *und*
Liebe zurück.

Meine Schwester

Sogenannte Freunde ließen mich im Stich;
meine Schwester nicht.

Erfahrung hat mir auch gezeigt,
Geschwister haben,
bedeutet nicht nur Einigkeit.

Irgendwann gab's nur noch Streit
und zurück blieb Bitterkeit.

Doch diese Zeit hat mir gezeigt,
was ich an meiner Schwester habe.
Ja, sie ist eine Seltenheit.

Sie zu haben macht mich reich,
weil sie auch an schweren Tagen
nicht von meiner Seite weicht.

Niemals stellt sie mich infrage,
egal, welches Problem ich habe.

Wenn ich mal einen Fehler mache,
stellt sie mich nicht vor Andren bloß.

Sie hilft mir, wieder gutzumachen,
ihre Liebe ist bedingungslos.

Sie ist Freundin und Vertraute,
auf die ich nie vergebens baute.

Nach all den vielen, vielen Jahren,
möchte ich ihr heute sagen,
dass ich froh bin,
sie zu haben.

Das Elend mit dem Handy

Whats App ist easy,
WLAN cool,
früher hieß cool wonderful.

Dann, ganz wichtig, das Update,
wer zeigt mir bitte, wie das geht.

Kaum hab den Touchscreen ich berührt,
hab ich etwas akzeptiert,
von dem ich überhaupt nicht weiß,
ist es umsonst, hat's einen Preis?

Will mal einen Kontakt ich suchen,
schon hab ich Einen angerufen,
den ich gar nicht sprechen wollte,
nur weil ich nicht richtig scrollte.

Dafür kann ich ins Internet,
das aufzurufen ist nicht schwer.
Nun kann ich in Ruhe surfen,
doch was soll das? Zu früh gefreut.
Mein Handy, es wird dunkel -
der Akku ist nun leer.

Es kommt alles zurück

Man sieht sie langsam
und in sich versunken
durch die Straßen gehen.
Der Blick ist leicht verschwommen
und immer wieder bleiben sie stehen.

Vorbei die Zeit,
als sie voll Schwung
und mit wehendem Haar,
die tollsten Männer verführten,
ach, war das wunderbar.

Doch diese Zeit ist lange her,
und die tollen Mannsbilder
gibt's leider auch schon nicht mehr.

Nach diesen Frauen
sieht sich jetzt kaum jemand um,
denn sie sind alt geworden,
und der Rücken ist krumm.

Jedoch ein freundliches Wort nur,
ein Lächeln sogar,
lässt ihre Augen wieder leuchten,
und der Blick, er wird klar.

Einmal sind auch wir alt,
gehen in uns versunken
mit verschwommenem Blick.

Und spricht uns dann jemand an,
schenkt uns ein Lächeln sogar,
erinnern wir uns wieder an das,
was damals geschah.

Und wir erkennen voller Freude
und Glück:
Was wir einmal gegeben,
bekommen wir nun zurück.

Ich möchte gehen

Die Liebe ist schon lange aus dem Haus,
und mit ihr ging auch mein Gefühl für dich.

Warum halt' ich trotzdem noch aus,
warum verlasse ich dich nicht?
Ist es tatsächlich nur die Pflicht?

Es gab mal eine andre Zeit,
da gab's nicht Kummer nur und Leid;
das Leben war für uns Musik,
uns fehlte nur ein Kind zum Glück.

Und nach gar nicht langer Zeit,
waren wir nicht mehr zu zweit.

Wie haben wir uns nur verloren,
wann erstarb in uns das Glück;
wann kam die innerliche Leere,
und Einsamkeit nur blieb zurück.

Ich seh' dich an und kann dich nicht erkennen.
Ich möchte sagen, was ich fühle,
und kann es nicht beim Namen nennen.

Doch unser Kind wird langsam groß,
dann wird es leichter, unser Los.

Keiner von uns muss dann noch leiden,
und nur aus Pflichtgefühl noch bleiben.
Wenn du nicht gehen willst, gehe ich.
Es wird bestimmt nicht leicht für mich.

Doch ich kann dann freier atmen,
ohne Druck und ohne Pflicht.
Ich habe wieder Lust am Leben;
das gleiche gilt doch auch für dich.

Vielleicht werden wir mit der Zeit
die Leere in uns überwinden.
Und wenn das Schicksal es so will,
dann können wir uns wiederfinden.

Wenn nicht, dann sollte es nicht sein,
doch sollten wir auf Bitterkeit verzichten.

Vielleicht können wir Freunde sein.

Schicksalsfragen

Hab ich nicht schon genug gelitten?
Worum soll ich dich noch bitten?

Um Gnade um der Gnade willen,
um Ruhe um des Friedens willen?

Schicksal, wer, was, wo bist du?
Bist du vielleicht von Gott gegeben?
Oder einfach nur -
mein Leben?

Was ist falsch und was ist richtig?
Was unnötig und was wichtig?

Hab ich so vieles falsch gemacht,
obwohl ich 's immer gut gemeint?

Hab ich vielleicht zu viel gegeben,
weil oftmals meine Seele weint?

Hab ich zu viel an mich gedacht
und dadurch zu viel falsch gemacht?

War ich vielleicht zu tolerant
und viel zu selten konsequent?

Eine Frage nach der andren,
und jede tief im Herzen brennt.

Es reicht. Ich werde nicht verzagen,
auch nicht mehr alles hinterfragen.

Selbstmitleid ist nicht angesagt;
ich war lang' genug verzagt.

Ich werde jetzt nach vorne schauen,
und mich zurück ins Leben trauen.

Den Kopf erhoben, die Haltung gerade,
der Blick ist endlich wieder klar.

Schicksal, bist du nun von Gott gegeben?
Egal, es zählt nur, was ich daraus mache.

Mein Schicksal ist - mein Leben.

Immer diese Zipperlein

Oh ja, die bösen Zipperlein
stellen sich regelmäßig ein.

Ach, wie müssen wir dann leiden,
und sind bestimmt nicht zu beneiden.

Dabei ist es doch ganz normal,
so ein Wehwehchen dann und wann,
und zu viel Jammern kommt ganz sicher
bei den Freunden auch nicht an.

Weggetanzt die müden Glieder,
ein wenig Sport so hin und wieder,
sich nicht zu viel Gedanken machen,
auch mal über sich selber lachen.

So kriegt man sich am besten ein,
und vergisst die Zipperlein.

Kunibert und Kunigunde

Glockengeläut zur Geisterstunde,
das ist die Zeit für Kunigunde.
Dann trifft sie ihren Kunibert,
der sie so wahnsinnig begehrt.

Er freut sich stets auf diese Stunde,
mit der geliebten Kunigunde.

Und noch immer mittendrin

Schon über siebzig,
und noch immer mittendrin;
ja, auch mit über siebzig
hat das Leben seinen Sinn.

Heutzutage gibt's doch knackige Senioren,
ein Lächeln nur von ihnen,
und man fühlt sich wie neu geboren.

Das Flirten, das verlernt man nicht,
und es verschönert das Gesicht.
Gibt es nun auch schon ein paar Falten;
man hat sich trotzdem gut gehalten.

So lasst den dritten Frühling
doch ruhig in euer Herz hinein,
denn er vertreibt Melancholie
und schickt euch seinen Sonnenschein.

Dann hat der Herbst, gar keine Frage,
noch viele schöne Tage.

Warum

Das Glas auf dem Tisch,
es ist nicht so leer
wie der Blick seiner Augen.

Er begreift einfach nicht,
und der Schmerz brennt so sehr.

Die Stunden vergehen,
und er kann es einfach nicht fassen.
Ohne ein Wort hat sie ihn verlassen.

Er hat vor sich ihr Bild
mit dem lachenden Gesicht.

Und wieder fragt er sich - "Warum?",
doch er bekommt keine Antwort -
das Bild, es bleibt stumm.

Was war nur in ihr vorgegangen?
Bisher war sie doch da gewesen,
egal, wann er nach Hause kam.

Oft hatte er bloß rumgehangen,
mit den Freunden nachts am Tresen,
und wenn er dann nach Hause kam,
tat sie, als wäre nichts gewesen.

Nur etwas müde sah sie aus,
kam er erst spätabends an,
und schuldbewusst sagte er dann:

"Warum bist du noch nicht im Bett?
Du hättest doch nicht warten müssen.
Das nächste Mal ruf' ich dich an."

Zaghaft lächelte sie dann,
streichelte zärtlich seine Wange.
"Du bist doch mein geliebter Mann,
wenn du nicht kommst,
wird mir ganz bange.

Du weißt es doch, ich liebe dich,
kann nicht gut schlafen ohne dich.
Und du weißt auch,
wie sehr ich dich begehre;
wie sehr ich mich nach dir verzehre.

Lass mich nicht mehr so lang' allein,
und komm mal wieder pünktlich heim."

Sein Versprechen kam dann schnell,
ihr müder Blick war wieder hell;
und wenn er in den Arm sie nahm,
sah sie ihn voll Verlangen an.

Doch kaum im Bett, schlief er schon ein.
Sie war ja nun nicht mehr allein.
Und wieder kam er nicht nach Haus,
und auch sein Anruf, der blieb aus.

Als er heute nach Hause kam,
da war es so wie immer;
der helle Lichtschein aus dem Zimmer
vermittelte Behaglichkeit.

Doch etwas war nicht so wie immer,
und Angst machte sich in ihm breit.
Da war kein müder Blick und auch
kein lächelndes Gesicht.

Er ging durchs Haus, nur leere Zimmer.
Sie hatte sich von ihm befreit.

Nun sitzt er noch immer,
und das Bild, es bleibt stumm.
Oh ja, sie ist weg.

Und er weiß nicht - warum?

Schmarotzer

Schmarotzer sind wie Schmeißfliegen.
Kaum denkst du, jetzt sind sie weg,
kleben sie wie Fliegendreck
stets in deiner Nähe.

Egal, ob im Schwimmbad, im Kino
oder zuhaus',
sie sind ständig dir nah
und sie saugen dich aus.

Um sie loszuwerden,
ich wage kaum, es zu sagen,
bleibt dir nur Eines:

"Du musst sie erschlagen."

Klagelied

Grund zum Klagen
gibt es immer,
da muss man gar nicht
lange suchen.

Warum sollte man auch lachen,
es gibt ja immer was zu fluchen,
über Gott und die Welt,
über nicht ausreichendes Geld.

Über zu laute Musik
oder das schreiende Kind;
über herumtobende Jungen,
und wie unmöglich die sind.

Und die gegenüber,
die mit Hund, Katze und Maus;
die sind ja noch schlimmer,
die müssen raus aus dem Haus.

Und doch... Wie arm ist der dran,
dem man so gar nichts mehr
recht machen kann.

Das Resultat aber von ständigem Streit,
sind Isolierung, innere Kälte
und Einsamkeit.

Es ist doch nur ein kurzer Weg,
mal aufeinander zuzugeh'n.
Ein Lächeln für die Mütter,
den Hund und die Kinder;
und man wird nicht mehr abseits steh'n.

Ein freundliches Wort
öffnet Herzen und Türen;
und man kann nicht mehr
an innerer Kälte erfrieren.

Du bist du

Der Eine sagt: "Du bist zu groß",
der Andre meint: "Zu klein."

Und so stellst du also fest,
für jeden sollst du anders sein.

Dann wieder heißt 's: "Du bist zu dick",
warum sagt niemand: "Nein!"
Der nächste wieder: "Dick ist schick."
Das ist schon fast gemein.

Hast du mal etwas abgenommen,
fragt man dich gleich ganz beklommen:
"Ging das nicht wieder viel zu schnell?
Bist du ein Magersuchtmodell?"

Verwundert denkst du:
"Was ist los?
Bin ich zu klein,
bin ich zu groß?
Bin ich zu dünn,
bin ich zu dick?

Ich finde mich famos!"

Hinterfrage das doch nicht,
denn gute Freunde sind das nicht.

Lass dich von denen nicht verbiegen,
und lass dich bloß nicht unterkriegen.

Warum denn auch, wozu?

Steh doch zu dir, denn:

Du bist du!

Lebensfreude

Lass dich vom Leben
nicht trübsinnig machen.
Schau dich nur um,
es gibt stets einen Grund
für fröhliches Lachen.

Ein Sonnenstrahl,
der aus der Wolkendecke bricht,
zaubert ein Lächeln
in so manches Gesicht.

Ein frecher Spatz im Café
der deine Krümel stibitzt,
und dann schnell in die Lüfte sich schwingt,
weil die hungrige Katze schon flitzt.

Die will bestimmt nicht nur
ein paar Krümel erhaschen,
die will den ganzen Vogel vernaschen.

Und hast du es nicht bemerkt?

Nur weil sie das
auch diesmal nicht schafft,
hast du darüber vor Freude gelacht.

Novembersommer

Kühl und nass und keine
Aussicht auf Besserung.
Es ist mitten im Jahr
und man verliert jeden Schwung.

"Positiv denken",
welch dussliger Spruch.
Den kann man sich schenken;
es ist langsam genug.

Dann doch lieber schwitzen
und schwimmen im See,
oder frieren im Winter,
mit Glühwein und Schnee.

Das hier ist doch kein Wetter,
wie jedenfalls ich das so seh'.

In diesem Jahr ist der Sommer
nach allen Seiten hin offen.
Und dass der Sommer noch weiß
was ein Sommer ist -
das kann man nur hoffen.

Trümmerfrauen

Mit großen Augen hatten sie
in eine Welt geblickt,
die zu seh'n, sich kaum gelohnt.
Von Anfang an ein schweres Geschick,
und niemals wurden sie geschont.

Sie konnten sich nicht
auf die Zukunft freu'n,
denn kamen die Männer
aus dem Krieg nicht zurück,
lastete alles auf ihnen allein.

Sie konnten nicht einmal fliehen,
sie wussten ja gar nicht - wohin.
Und das Dasein verlor seinen Sinn.

So viele nahmen sich das Leben,
für sie war nichts mehr lebenswert.
Wonach sollten sie auch streben,
was war denn noch erstrebenswert?

Wenn sie jedoch Kinder hatten,
konnten sie nicht einfach geh'n.
Für sie kämpften sie ums Überleben,
kämpften, um zu übersteh'n.

Doch einmal war der Krieg vorbei,
und es galt, nach vorn zu schauen.
Oft schufteten sie nun für drei,
doch man konnte auf sie bauen.

Die Trümmerfrauen gaben alles,
sie räumten wie besessen.
Sie haben es auch für uns getan -
das dürfen wir nie vergessen!

Hoffnung

Du wagst nicht mehr zu glauben
an das ganz große Glück;
hast die Hoffnung verloren,
und ziehst dich zurück.

Doch gehst du unter Menschen,
mit einem Lächeln im Blick,
und schenkst Ihnen Trost -
bekommst du Wärme zurück.

Und diese Wärme,
ein wenig Vertrauen und
der Glaube an dich,
helfen dir, wieder zu hoffen -
auf Liebe und Glück.

Zitate über das Glück

Glücklich ist, wer nach schlimmen
Enttäuschungen
noch an die wahre Liebe glauben kann.

Glücklich ist, wer sich auch im hohen Alter
noch etwas Kindlichkeit bewahren kann.

Glück entsteht oft durch
Aufmerksamkeit in kleinen Dingen,
Unglück oft durch Vernachlässigung kleiner
Dinge.
(Wilhelm Busch 1832-1908)

Man weiß selten, was Glück ist,
aber man weiß meistens, was Glück war.
(Françoise Sagan)

Zehn kleine Freundinnen

Zehn kleine Freundinnen,
die war'n nicht gern allein,
die eine fand das große Glück,
da waren's nur noch neun.

Neun kleine Freundinnen,
zu Gast auf einer Yacht,
die eine wollte nicht zurück,
da waren's nur noch acht.

Acht kleine Freundinnen,
die wollten Liebe spielen,
die eine hat geheiratet,
da waren's nur noch sieben.

Sieben kleine Freundinnen,
vergnügten sich beim Sex,
die eine wurde aussortiert,
da waren's nur noch sechs.

Sechs kleine Freundinnen,
spazierten durch die Sümpf'
die eine fand den Weg nicht mehr,
da waren's nur noch fünf.

Fünf kleine Freundinnen,
die mussten aufs Revier,
die eine wurde da behalten,
da waren's nur noch vier.

Vier kleine Freundinnen,
die machten sich gern frei,
die eine holte sich den Tod,
da waren's nur noch drei.

Drei kleine Freundinnen,
fuhr'n in die Mongolei,
die eine wurde Haremsfrau,
da waren's nur noch zwei.

Zwei kleine Freundinnen,
die hatten nun viel Zeit,
wenn eine nicht gestorben ist,
dann sind sie noch zu zweit.

One-night Stand

Große Liebe einer Nacht,
ohne drüber nachgedacht,
dass man sich danach nicht mehr kennt -
so ist das mit dem One-night Stand.

Manchmal kennt man sich schon lange,
hat manche Nacht vergnügt verbracht,
doch dass daraus mehr werden könnte,
daran hat man nie gedacht.

Ganz plötzlich ist da das Gefühl,
dass man sein Gegenüber will
und los geht das bekannte Spiel,
das man ja schon von früher kennt.

Doch wieder will man nicht zu viel;
man will nur einen One-night Stand.

Bald geht es wieder auf die Jagd,
nach dem Kick für kurze Zeit,
und wieder wird nicht nachgedacht,
und es wird auch nichts bereut.

Man kennt sich Stunden nur? Egal,
man will ja schließlich nur einmal.
Einmal diese Hitze spüren,
sich für kurze Zeit verlieren.

Wenn auch die Hitze schnell verbrennt,
es ist ja nur ein One-night Stand.

Und wer die Regel noch nicht kennt -
hier gibt es nie - ein Happy End.

Die Biene

Die Biene labt sich am Blütenstaub,
die andere Biene labt sich auch,
doch keineswegs am Blütenstaub.

Die eine sorgt für Honig;
der wird geliebt, weil zuckersüß.
Die andere für Anderes zu haben ist.

Die eine tut weh, wenn sie dich sticht,
die andre macht Anderes,
doch weh tut es nicht.

Die eine fliegt von Blüte zu Blüte,
die andere fliegt, wenn du Glück hast -
auf dich.